LE

# CRÉDIT LIBRE

POUR LE TRAVAIL LIBRE

ET

## LE SAINT-SIMONISME A L'ŒUVRE

PAR A. DAGNEAUX

PARIS

E. DENTU, ÉDITEUR

LIBRAIRE DE LA SOCIÉTÉ DES GENS DE LETTRES

PALAIS-ROYAL, 13 ET 17, GALERIE D'ORLÉANS

1864

# LE CRÉDIT LIBRE

POUR

# LE TRAVAIL LIBRE

ET

## LE SAINT-SIMONISME A L'ŒUVRE

---

Jamais, depuis longtemps, question économique n'a préoccupé le monde des affaires comme celle qui s'agite aujourd'hui à propos de la liberté des Banques.

Après s'être engagée d'abord entre la Banque de France et les actionnaires de la Banque de Savoie, la polémique a passé des brochures dans les journaux politiques et financiers, et a fini par retentir jusque dans l'enceinte du Sénat.

Les attaques dirigées contre la Banque de France ne se sont pas bornées seulement aux variations arbitraires de ses escomptes et aux sacrifices qu'elle impose aux transactions du pays. On en est venu à discuter même le principe en vertu duquel la Banque de France tient son privilége de l'État; et des esprits des plus sérieux soutiennent qu'un pareil monopole est incompatible avec le régime économique et social qui nous gouverne.

Dans la question portée sur ce terrain, le gouvernement a cru voir le signal d'une réforme que le pays allait réclamer de son initiative; et pour couper court à cette exigence subite de l'opinion publique, il a déclaré officiellement que, le privilége de la Banque ayant été renouvelé récemment par une décision législative, le devoir de l'État était de s'en tenir à cette loi des parties jusqu'à l'expiration de son terme.

Le seul organe qui, dans toute la presse financière, ait défendu le monopole de la Banque de France, s'est emparé de cette déclaration du gouvernement pour affirmer que l'affaire était désormais entendue, et que la question des Banques était politiquement enterrée.

N'en déplaise à l'honorable publiciste, mais cette assertion pourrait bien être exposée à quelque cruel démenti. Le sentiment public est loin de s'être rendu à cette fin de non-recevoir. Plus que jamais la nécessité d'une réforme financière a pénétré dans les esprits, et il en arrivera pour la liberté du crédit ce qui est arrivé pour la liberté commerciale : que le pays sera d'autant plus près de l'obtenir que l'ajournement en aura été plus récemment annoncé. Aujourd'hui, dans le domaine des intérêts matériels, les idées marchent et ne reculent guère. Mieux que personne, le gouvernement est à même de comprendre qu'une question de cette importance se résout et ne s'enterre pas.

Pour nous, dont les convictions n'ont fait que s'affermir par les derniers débats, nous nous proposons ici même de reprendre la discussion dans ses points essentiels. Nous avons entendu tant d'opinions étranges professées par les hommes les plus considérables et les plus autorisés, que nous croyons de notre devoir de les combattre, et de présenter enfin cette question des Banques sous un jour dont personne, si nous ne nous trompons, ne l'a encore éclairée.

L'ordre de démonstration que nous avons adopté nous conduira à rappeler les idées et les intérêts différents qui ont successivement présidé à l'organisation du travail et du crédit en France, et les conséquences que ces divers régimes ont amenées avec eux. Puis, de ces appréciations la logique déduira d'elle-même le principe qui doit fonder désormais le véritable système économique de la France; et, si nous ne nous abusons, notre formule première du *crédit libre* pour le *travail libre* affirmera une fois de plus cette vérité :

Que la liberté suffit à tout; qu'elle seule est assez forte pour réédifier durablement ce que parfois elle est appelée à détruire.

# PREMIÈRE PARTIE.

## I.

La Banque est un commerce, qu'il soit fait par des individus ou par une société. Le billet de Banque n'est pas un papier-monnaie, bien qu'il en fasse l'office dans une certaine mesure. Il est et il ne sera jamais qu'un billet de crédit, c'est-à-dire une lettre de change au porteur, remboursable à vue contre espèces, au lieu d'être à ordre et payable à une échéance déterminée. Cette condition obligatoire du remboursement à vue donne au billet de Banque un autre caractère qui lui est propre : celui de monnaie fiduciaire ou monnaie de crédit.

Pour qu'il conserve son caractère et sa valeur véritables, le billet de Banque doit être l'expression sincère des causes pour lesquelles il est créé, c'est-à-dire la représentation réelle, effective de la production et de la mise en œuvre du travail. On ne saurait comprendre, en fait de Banque, d'autres opérations que celles de l'escompte. C'est l'escompte qui doit fournir au commerce, à l'industrie et à l'agriculture, à tout ce qui travaille et produit, le crédit nécessaire à leur développement.

Pourquoi le billet de Banque est-il l'instrument du crédit par excellence ? C'est que son caractère de monnaie fiduciaire attire, par la confiance qu'il inspire, les capitaux inertes et les espèces en circulation, qu'il remplace au besoin. Ces capitaux, cet argent qu'il obtient presque à titre gratuit, il les met en activité et peut les livrer au travail à des conditions réduites.

Cette faculté d'obtenir les capitaux ou l'argent aux conditions les plus favorables constitue l'avantage du billet de Banque et les bénéfices du crédit qu'il procure. Car, au contraire de cette idée généralement admise que la Banque fait crédit au public et lui rend des services, c'est le public qui fait crédit à la Banque en lui donnant son argent ou ses valeurs contre ses billets.

Vouloir faire de ces avantages du crédit un privilége, n'est-ce pas porter atteinte à la liberté du crédit, et par contre au travail lui-même? En un mot : le droit de créer et d'émettre des billets de Banque en vue et pour les nécessités de l'escompte, doit-il être le droit commun de plusieurs Banques ou le monopole exclusif d'un seul établissement? Là est toute la question.

## II.

Sans nous faire ici les avocats officieux de la Banque de France, nous dirons tout d'abord que ses adversaires ne l'ont attaquée que par les petits côtés, et qu'elle est parfaitement innocente de la plupart des torts qu'on lui reproche.

Dans la position qui lui est faite, la Banque de France a deux obligations étroites à remplir : la première, c'est d'offrir toujours pour garantie de ses opérations un fonds de réserve à l'abri de toute éventualité, un capital immobilisé en rentes sur l'État; la seconde, c'est d'avoir un encaisse suffisant pour satisfaire à toute demande de remboursement de ses billets en circulation.

Que si la Banque dispose, comme on le lui demande, de son fonds de réserve pour le convertir en lingots ou en achats de traites, elle s'engagera d'autant par ses escomptes dans des spéculations avec le commerce et l'industrie. De ce jour, elle n'offrira plus les garanties que la loi et son propre intérêt lui commandent. Son crédit en sera diminué. Donc, sur ce point, la Banque a raison de ne pas se départir de sa pratique ordinaire.

D'un autre côté, si les demandes d'espèces viennent continuellement diminuer son encaisse, quel autre moyen, nous le demandons, aura-t-elle, à moins du cours forcé, ce que personne ne conseillerait, que de réduire ses escomptes ou d'en relever le taux au niveau des autres marchés pour retenir le numéraire dans sa caisse? Jusqu'à ce que la science ou la pratique aient indiqué un autre procédé, nous serons les premiers à féliciter la Banque de se tenir à celui-là.

C'est bien à tort aussi qu'on l'accuse de préparer en quelque sorte les crises monétaires pour en profiter. Quand la Banque relève son intérêt, ses escomptes se restreignent, ses bénéfices n'augmentent pas; elle fait moins d'affaires, voilà tout. De plus, à ces époques, elle est obligée à des achats de métaux précieux pour parer à la diminution de son encaisse. Cette charge subsidiaire doit encore réduire, si elle ne les absorbe, les différences que lui procure l'élévation du taux de son escompte.

Il est évident que toutes ces critiques ne reposent sur rien de sérieux, et qu'elles accusent plutôt une ignorance complète des opérations de Banque et de leurs nécessités.

Mais, si les adversaires de la Banque n'ont pas fait preuve de discernement dans leurs attaques, il faut reconnaître qu'elle n'a pas rencontré des avocats bien habiles pour défendre sa cause. Il était difficile de produire des arguments plus contestables et moins concluants que ceux invoqués devant le Sénat par MM. le comte de Germigny et Son Excellence le ministre d'État, M. Rouher. C'est avec un sentiment de peine profonde que nous avons vu la part prise par M. Rouher dans cette lutte malencontreuse. Il nous semble que sa parole si éloquente et pour nous si sympathique, que ce talent, grandi par tant de succès, s'y sont amoindris; et les théories économiques proclamées en cette circonstance par M. le ministre d'État pourraient bien être une de ces fautes dont un homme politique devrait éviter de charger son avenir.

On n'attend pas de nous que nous répondions à toutes les objections secondaires que la question des Banques a soulevées. Nous ne nous arrêterons qu'à celles qui ont emprunté une certaine importance des orateurs qui les ont émises et du lieu où elles se sont produites; tout en regrettant qu'un financier aussi éminent que M. de Germigny, aussi ami du progrès qu'il prétend l'être, n'ait pas trouvé, en l'an de grâce 1864, des arguments plus nouveaux et des considérations plus élevées que ceux qu'il a fait valoir devant le Sénat.

En effet, quelle valeur peuvent avoir auprès d'esprits sérieux et attentifs ces services rendus au public par la Banque de France, et les avantages de ce contrôle que son monopole lui permet d'exercer sur les transactions du pays?

Nous l'avons dit plus haut, et nous tenons à le répéter encore : quand la Banque de France émet 800 millions de ses billets et que la circulation veut bien les accepter, ce n'est pas la Banque qui fait crédit au public et au commerce, c'est le commerce et le public qui font crédit à la Banque de France.

Quant aux services que la Banque de France rend au commerce, en lui escomptant ses valeurs contre les billets qu'elle lui donne en échange, ce sont là des services que tout banquier sera prêt à rendre dans les mêmes conditions. La Banque, et en cela elle a parfaitement raison, fait son commerce et pas autre chose. Elle vend son escompte comme le marchand vend sa toile ou son drap. Qu'elle fasse honorablement ses affaires, nous l'admettons volontiers; mais faut-il pour cela la monter sur un piédestal et lui décerner le prix Montyon?

Le contrôle de la Banque de France sur les transactions du commerce s'explique par son monopole, mais il ne se justifie par aucune raison sérieuse. Nous nous plaignons déjà assez de l'intervention excessive de l'État dans tous les actes de notre vie sociale, pour désirer qu'un pareil contrôle, même de la part de la Banque, ne s'exerce pas sur les opérations du commerce, où il est d'ailleurs impuissant; parce que le commerce vit avant tout de liberté, que chacun a le droit d'y faire ses affaires à sa guise et d'y veiller lui-même à son corps défendant. Les avertissements charitables de la Banque de France, dont M. de Germigny a parlé avec tant de hauteur, sont bons pour des enfants. La Banque ferait bien mieux de les garder pour elle-même et de tenir un peu plus de compte de ceux que le commerce se permet parfois de lui donner. Les choses n'en iraient pas plus mal, parce que chacun resterait dans son rôle et à sa place.

Puis, quand on a parlé de la diminution en Angleterre et aux États-Unis des billets de Banque en circulation, on a seulement oublié les faits bien simples qui l'expliquent.

Depuis trois ans que la guerre sévit aux États-Unis, les affaires s'y sont ralenties, et cette stagnation forcée a fait rentrer dans la caisse des Banques la plus grande partie de leurs émissions. C'est au point que jamais l'encaisse des Banques américaines n'a été relativement plus considérable.

En Angleterre, cette diminution provient d'une autre cause. L'usage des chèques, en se développant de plus en plus, a attiré dans les Banques de dépôts presque tous les capitaux disponibles du pays; et la simplification que le chèque a produite dans le règlement des affaires, a rendu l'office du billet de Banque de moins en moins nécessaire. De là la diminution des billets en circulation. En France, nous n'en sommes pas encore là; mais nous pourrons y arriver quand nous aurons eu, comme l'Angleterre pendant quatre-vingts ans, la libre pratique des Banques d'émission.

Le principe d'une Banque unique et privilégiée est-il, comme on le prétend, sur le point de prévaloir en Angleterre? La législation qui régit la Banque d'Angleterre n'en est pas un indice quant à présent; car on sait que son privilége doit chaque année lui être renouvelé par un vote du parlement, et qu'il peut lui être retiré par le gouvernement sur une simple dénonciation faite une année d'avance, et avec l'obligation par l'État de rembourser aux actionnaires leur capital sans indemnité aucune. Les plaintes que chaque jour les feuilles anglaises élèvent contre le monopole de la Banque d'Angleterre et les critiques dont ses opérations sont sans cesse l'objet, ne prouvent pas, ce nous semble, que nos voisins soient si près de se départir de leur principe en fait de liberté du crédit. C'est tout le contraire qu'il faudrait admettre.

Les Américains ne paraissent guère plus disposés à réagir dans ce sens, malgré la crise pénible qu'ils traversent, et leur ministre des finances, M. Chase, en a été pour ses frais d'imagination, quand il a présenté au congrès, qui l'a rejeté, son fameux projet pour la transformation des Banques libres en une seule Banque d'État.

Les citations sont toujours bonnes à faire, mais à la condition qu'elles soient conformes à la vérité.

## III.

M. le ministre d'État a dédaigné de procéder ainsi par inductions. Il a mieux aimé attaquer la question dans le vif, et du premier coup il s'est placé sur le terrain des principes. Voici, en peu de mots, son argumentation :

L'émission de billets, a-t-il dit, n'a rien de commun avec le droit de *vendre* et de *faire le négoce*. C'est du moins ce qu'enseigne la science économique, s'il faut s'en rapporter aux opinions de MM. Rossi et Léon Faucher, qui font autorité en la matière.

L'émission des billets de Banque n'est donc plus que la création d'une monnaie de papier, pouvant tenir lieu des espèces d'or et d'argent. Or, le droit régalien de battre monnaie appartient à l'État seul, qui peut l'exercer par lui-même ou le déléguer. L'État a traité de ce droit avec la Banque de France; et il est obligé envers elle par la loi qui lie les parties, jusqu'à l'expiration du privilége qui lui a été renouvelé en 1856.

Dès lors la question n'est plus discutable. Elle est résolue, quant à présent, par les faits accomplis.

Cette argumentation ne manque pas d'habileté ; mais on nous permettra de la reprendre dans ses diverses parties, et cette fois dans son sens inverse, afin de mieux remonter des conséquences que l'on en a tirées, au principe même que nous entendons discuter et poser tout autrement.

L'obligation qui engage aujourd'hui le gouvernement envers la Banque de France n'est-elle pas la même qui liait, en 1848, l'État vis-à-vis des Banques départementales qui existaient à cette époque ? Comment l'État a-t-il pu alors se soustraire à ses engagements envers ces Banques et les forcer de se réunir à la Banque de France? Ce qui lui a été possible alors ne le lui serait plus de même aujourd'hui? Voilà ce que notre intelligence a peine à saisir.

Que si c'est au moyen d'une transaction qui a eu lieu entre la Banque et ces succursales, qui empêche qu'un semblable compromis n'intervienne entre l'État et la Banque de

France? D'ailleurs, le gouvernement est-il bien sûr qu'en dehors de ce droit de délégation, il n'existe pas un principe supérieur dont il n'a jamais pu prescrire la revendication?

Examinons un peu ce point, qui a bien son importance.

Le droit de battre monnaie, dit-on en principe, est un droit régalien appartenant à l'État. Puis l'on ajoute : le billet de Banque étant un papier-monnaie, l'État seul a le droit de créer ces billets ou de le déléguer aux tiers qu'il se substitue.

Ici le dissentiment commence, et, faute de s'entendre sur les mots, on n'est plus d'accord sur les choses.

Nous l'avons déjà dit : le billet de Banque, tel qu'il existe aujourd'hui, n'est pas un papier-monnaie, bien qu'il en fasse l'office jusqu'à un certain point. C'est un billet de crédit, imaginé par le commerce, créé pour ses propres besoins; ce qui est bien différent.

Toutes les nations reconnaissent et attribuent à l'État le droit de battre monnaie, c'est-à-dire de convertir en espèces des lingots d'or et d'argent et de les fabriquer à un titre unique, fixé d'avance par la loi, qui leur donne un caractère de garantie, une certitude de valeur intrinsèque, appréciable pour tous, afin que ces espèces, sous forme de monnaie, puissent servir à la circulation du pays et devenir un moyen d'échange facile pour ses transactions avec les autres nations. Voilà le droit que la communauté, dans un intérêt bien entendu, concède à l'État; et ce droit, l'État en use pour le bien de la chose publique, sans qu'il en retire le moindre profit.

En effet, quel avantage, quel moyen d'action l'État trouve-t-il dans cette faculté de convertir en espèces monnayées des lingots d'or et d'argent qu'il est obligé de se procurer en les achetant lui-même? Quel danger y a-t-il pour le public que l'État frappe autant de pièces de cinq francs ou de napoléons qu'il l'entendra, puisqu'à la différence près de l'alliage qui paye à peine ses frais, il est obligé de donner à cette monnaie une valeur intrinsèque que le creuset peut à chaque instant contrôler? Donc ce droit régalien n'est qu'une charge pour l'État; c'est une fiction utile, mais vaine, puisqu'il n'emporte avec soi aucune prérogative et ne se traduit par aucun profit.

En effet, l'État ou l'hôtel de la Monnaie ne peut se refuser à convertir en espèces monnayées les lingots d'or et d'argent que le public lui apporte; sauf par lui à se payer de ses frais de fabrication.

Mais de ce droit de fabriquer de la monnaie d'or et d'argent à la faculté de créer du papier-monnaie, la distance est immense; et cette vérité est si évidente, que tous les États réguliers et libres interdisent, et avec raison, à leurs gouvernements le droit de créer du papier-monnaie de l'État.

Ce qui distingue encore le papier-monnaie du billet de Banque, c'est-à-dire un papier de crédit, c'est que, au contraire du billet de Banque qui n'existe et n'a de valeur qu'à la condition de pouvoir être refusé, le papier-monnaie a besoin d'être imposé par le cours forcé, comme payement légal dans le règlement des transactions. C'est à cette condition même qu'il devient papier-monnaie.

Or, si l'État, dans notre législation actuelle, ne possède pas le droit régalien de créer de la monnaie de papier, comment peut-on prétendre qu'il ait eu le pouvoir de transférer à une institution quelconque ce droit que la loi lui refuse pour ses propres nécessités? Comment affirmer que le privilége accordé à la Banque de France est une délégation de ce droit régalien?

## IV.

Nous irons plus loin. Nous prétendons que ce qui fait la confiance si justement accordée au billet de Banque, c'est précisément parce qu'il n'est pas un papier-monnaie créé par l'État, émis avec son concours et circulant sous sa garantie.

Ceux qui ont cité l'exemple des *assignats* pour démontrer le danger que peut offrir l'émission de billets, ne se sont pas aperçus qu'ils faisaient rétrospectivement le procès au papier-monnaie et à l'État lui-même, sans rien prouver contre le billet de Banque, tel que le bon sens et la pratique le comprennent.

En effet, le papier-monnaie émis par l'État n'est autre chose que l'*assignat*, avec lequel il paye les charges du pays, ses dépenses improductives. Plus l'État en crée, plus il s'obère et s'appauvrit. L'exagération du papier-monnaie de l'État amène fatalement, comme nous l'avons vu, le cours forcé, et à sa suite la banqueroute. Or, d'une banqueroute faite par l'État, il ne reste que des ruines sans compensation aucune.

Tout au contraire, le billet de Banque n'a de raison d'être que parce qu'il vient en aide au travail et à la production. Il les féconde par le crédit qu'il leur distribue; son action incessante est de produire de nouveaux capitaux qui s'ajoutent au capital déjà acquis. Certes, l'exagération des billets du crédit n'est pas sans avoir ses périls. A son origine, le billet de Banque a pu être un instrument peu connu, mal dirigé, qui a donné lieu à des mécomptes; son abus a provoqué des catastrophes et même conduit aussi à la banqueroute; mais, de ses plus grands désastres, il reste toujours, pour le pays qui les éprouve, une somme de travail et de richesses acquises dont il profite après tout. Il y a plus : c'est que le crédit s'éclaire par ses fautes, se règle mieux après ses épreuves, et que c'est encore lui seul qui répare et au delà les pertes qu'il a produites.

Si donc nous avons réussi à démontrer que le billet de Banque ou de crédit n'a rien de commun avec le papier-monnaie, que l'État lui-même ne peut en créer pour ses nécessités, il est évident que le droit régalien revendiqué en faveur de l'État n'existe pas; qu'il n'a pu par conséquent être délégué; que, dès lors, le privilége de la Banque d'émettre seule des billets ne repose sur aucun principe, et n'a sa sanction dans aucun droit.

## V.

Maintenant que nous avons reproduit tous les arguments de M. Rouher et réfuté les conclusions qu'il a voulu en tirer, il se trouve que nous en sommes revenus exactement au point de départ de la question. Nous voilà en face de ce droit de *vendre* et de *faire du négoce*, que M. Rouher prétendait tout d'abord écarter comme étranger, sinon contraire à l'émission de billets; et qui, selon nous, est le seul qui puisse expliquer et justifier cette émission.

En effet, pourquoi crée-t-on des billets, si ce n'est, dans la pratique, pour avoir la faculté de *vendre* et de *faire du négoce?* C'est le moyen de remplacer l'argent que vous n'avez pas au moment de votre transaction. Le billet que vous créez, et que l'on accepte, vous permet de faire un acte de votre *négoce*, qui, sans cette facilité, vous serait impossible. De là le crédit, sans lequel il ne saurait aujourd'hui y avoir de commerce; et le crédit, comme on dit, vaut de l'argent.

Quand la Banque de France émet pour huit cents millions de ses billets et que le public les lui prend, c'est un crédit de huit cents millions que le public fait à la Banque, et cet énorme capital lui permet à son tour de faire son *négoce*, qui est l'escompte. Que ses statuts interdisent à la Banque de France de faire l'escompte au moyen des capitaux que l'émission de ses billets lui procure; que le billet de Banque ne soit plus qu'un papier-monnaie, comme on prétend l'établir; et l'on verra avec quel dédain superbe la Banque de France rejettera ce monopole qu'elle revendique si ardemment aujourd'hui.

Maintenant, si, grâce à ces moyens puissants dont la Banque dispose, le commerce ne trouvait auprès d'elle les facilités de se faire escompter pour cinq ou six milliards par an de ses effets, peut-on prétendre que son droit de *vendre* et de *faire le négoce* ne serait pas restreint, et qu'il n'est pas intimement lié à cette émission de huit cents millions de billets?

Il est possible que les économistes officiels contestent cette proposition, qu'ils la condamnent même au nom de certains publicistes plus ou moins acceptés; mais nous opposerons à notre tour à M. Rouher ce fait qu'il citait lui-même à la tribune : de toute une assemblée du parlement anglais se rendant sur une question de banque aux simples faits qu'exposait devant elle un négociant de la Cité. Eh bien, sur cent négociants en France, il n'y en a pas un seul qui ne comprenne la question comme nous la posons, et qui ne considérerait les assertions de M. Rouher comme autant d'hérésies commerciales.

Au reste, M. Rouher avait parfaitement prévu jusqu'où la discussion pouvait l'entraîner. Il a employé toute son habileté oratoire pour la déplacer et ne pas se mettre en contradiction avec les opinions qu'il a jusqu'alors défendues. La scission momentanée qu'il a proclamée entre M. Michel Chevalier et lui a été le commentaire de cette fausse situation; mais il faut que cette situation s'éclaire, et ce ne sont pas des déclarations officielles qui empêcheront que la lumière se fasse.

Puisque M. Rouher admet le droit de *vendre* et de *faire le négoce*, il doit admettre aussi que le *négoce* n'est autre chose que l'échange des produits du travail; que, par conséquent, le travail est un droit à son tour. Il ne nous sera donc pas difficile d'amener l'éminent promoteur de notre traité de commerce avec l'Angleterre à reconnaître, avec nous, que la liberté commerciale n'est autre chose que la liberté du travail. Sur ce point il ne saurait y avoir de malentendu.

Mais le commerce et le travail, qui en est la cause, sauraient-ils produire tous leurs résultats, sans cette faculté, pour le commerçant ou le travailleur, d'émettre ses propres billets et de les faire accepter à l'égal du numéraire, et cette faculté n'est-elle pas tout le crédit même? Qu'est-ce donc que le crédit pour la Banque elle-même, si ce n'est cette possibilité d'émettre ses billets qui lui procurent pour son *négoce* huit cents millions de valeurs?

Il est donc évident que l'*émission des billets* est, sinon le seul, du moins l'instrument le plus direct et le plus efficace de produire le crédit; et que le travail, auquel cet instrument est indispensable, a le droit de le revendiquer à son profit.

Ainsi, la pratique et la théorie sont d'accord sur ce point, que la liberté commerciale implique forcément la liberté du crédit.

C'est précisément cette question de principe que nous tenons à élucider par des considérations que personne, nous le croyons du moins, n'a fait valoir jusqu'ici.

# DEUXIÈME PARTIE.

## I.

Dans une société démocratique, régie par le suffrage universel, et qui prétend s'inspirer des principes de 89, le travail est là loi du pays. Il est le droit de tous et le devoir de chacun. L'homme ne doit compter que sur lui-même. Il entre en possession de toutes ses facultés; son intelligence, sa puissance d'initiative lui appartiennent. Il n'a plus rien à demander à l'État. Il est le maître de sa destinée, mais à la condition que nulle entrave ne sera mise à son action, et qu'il aura la liberté absolue de son travail.

Cette liberté commence à exister pour nous, et l'honorable M. Rouher en a été l'heureux initiateur. Le nouveau régime économique dans lequel la France est entrée depuis 1860, a supprimé graduellement tous les droits sur les matières premières, sur les machines et les objets de consommation. Il a donné au travailleur, à l'ouvrier la faculté de se procurer tous ses moyens de travail et d'existence, sans la surcharge des anciens droits protecteurs. Par ce fait seul, la liberté commerciale a inauguré et consacré la liberté du travail.

Mais le travail sans le capital ou sans le crédit, qui le procure, n'est lui-même qu'un instrument incomplet. Pour que le travail donne tous les résultats qu'il comporte, il lui faut le concours du capital ou du crédit, qui le développe et le féconde. Or, si le crédit lui-même n'est pas libre; si les institutions de Banque qui doivent le distribuer ne sont pas de droit commun, mais l'attribution d'un monopole exclusif, la liberté du travail n'est plus qu'une fiction, un leurre. Son auxiliaire le plus efficace lui fait défaut. Il ressemble à l'amputé que l'on voudrait faire marcher sur les deux jambes, quand il n'en a qu'une à son service.

Il y a plus : la liberté commerciale, posée en principe, a fait au travail national une situation toute nouvelle. Par cela même qu'elle lui a permis de s'approvisionner dans les pays étrangers, et sans préférence obligatoire pour les produits nationaux, de tout ce qui lui est utile ou nécessaire, elle a ouvert notre marché à la concurrence du commerce étranger et des industries rivales. Chaque jour, de nouveaux traités de commerce avec d'autres nations préparent des luttes plus redoutables au travail national.

Que si, parmi ces pays, il en est où la liberté des Banques distribue le crédit plus libéralement et à des conditions plus favorables qu'en France, il est facile de comprendre que l'industrie et le commerce de ces pays auront sur nous un avantage incontestable. Leurs produits devront à la longue obtenir une supériorité de bon marché contre laquelle les nôtres ne pourront plus lutter. Ce sera la conséquence fatale de situations économiques différentes.

Il est un autre fait social et politique dont nous avons à tenir compte pour nous en inspirer.

Depuis 89, la loi de partage, en divisant en France la propriété, a permis au petit cultivateur, à l'ouvrier des campagnes, de conquérir, par ses efforts et ses économies, la terre même, cet instrument de son travail, et de devenir avec le temps possesseur du champ qu'il cultive.

Si le crédit est pour les classes industrielles l'instrument de travail que la terre représente pour les populations agricoles, il faut que l'ouvrier des villes, le travailleur industriel, trouve dans la libre distribution du crédit le moyen de conquérir, lui aussi, sa part de capital, et de devenir à son tour le possesseur indépendant de l'industrie qu'il exerce. Comme l'un peut avoir sa part du sol, il faut que l'autre puisse avoir sa part du crédit. En un mot, ce que la division de la propriété a fait pour l'affranchissement et la moralisation des populations agricoles, une répartition équitable du crédit doit le faire pour l'amélioration et l'apaisement des classes ouvrières.

L'organisation logique du crédit pour le travail est le seul moyen de concilier ces deux grands intérêts de l'économie nouvelle, et d'assurer le développement normal de notre société démocratique. Le *crédit libre* pour le *travail libre*, voilà désormais la formule et la loi de notre régime social.

## II.

C'est parce que tous les gouvernements qui se sont succédé tour à tour depuis 60 ans ont oublié ces principes de 89 et ont refusé de donner une satisfaction légitime à ses besoins nouveaux, qu'un malaise inconnu n'a cessé de travailler la France, et qu'elle a déjà subi l'épreuve de deux révolutions.

La première République avait proclamé les vrais principes de la liberté commerciale, c'est-à-dire les droits du travail et du crédit. L'œuvre de la Constituante fut de formuler, dans ses déclarations, les vérités économiques que Turgot et Adam Smith avaient affirmées déjà dès le dernier siècle, et auxquelles le temps et l'expérience ont depuis donné une si éclatante sanction.

Napoléon I^er^, alors qu'il était encore consul, fut le premier qui méconnut cette législation de progrès et de liberté. Il avait à fonder un nouveau régime sur la base d'une autorité absolue. Ses idées de réglementation à outrance s'accommodaient mal d'une pratique aussi indépendante. D'un autre côté, pour la France épuisée par tant d'années de guerre et de désordres intérieurs, cette liberté même pouvait être alors une expérience prématurée et dangereuse. La société avait besoin de se reconstituer dans son industrie, son commerce, son agriculture et son crédit. L'œuvre était à reprendre tout entière. Napoléon crut devoir y procéder à la manière de Sully et de Colbert, par la protection.

Il revint aux tarifs qu'avait abolis la Constituante. Il établit un système de droits capable de défendre le travail national contre la concurrence étrangère, et surtout celle de l'Angleterre. Puis, pour venir en aide par le crédit aux besoins du commerce et de l'industrie, il créa la Banque de France. Si ce fut un privilége qu'il accorda à cet établissement, il eut soin, dans son décret organique, d'en déterminer le but et d'en limiter la durée. Jamais il n'entra dans sa pensée d'en faire un monopole irrévocable et surtout exclusif d'autres institutions analogues.

Ainsi fut fondé à nouveau ce système de protection qui,

jusqu'en 1860, n'a cessé d'être notre régime économique. Toutefois, si, dans l'administration financière du pays et pour l'établissement des impôts, son gouvernement se laissa entraîner souvent à une fiscalité trop arbitraire, il faut rendre cette justice à Napoléon Ier, qu'il apporta dans ses tarifs de douane une modération que l'on ne sut pas imiter depuis, et qui alors était encore un hommage rendu à ce principe de liberté qu'il faisait fléchir temporairement.

La Restauration, qui lui succéda, partit du principe encore plus exclusif de la monarchie légitime.

Il ne pouvait s'agir pour elle, même avec la charte octroyée, de rétablir, par des immunités sociales, la puissance terrienne de l'ancienne noblesse, ni de parquer le tiers état dans des limitations désormais impossibles. Il fallait d'ailleurs transiger avec les intérêts nouveaux créés par la Révolution, et se les rattacher au besoin. La législation douanière, inaugurée par l'Empire, en offrait le moyen. On l'accepta donc en principe, mais pour l'exagérer dans l'application.

Alors, sous le prétexte d'encourager l'agriculture, de protéger l'industrie et le commerce, et d'assurer au travail national le marché de la France à l'exclusion des autres pays, toutes les matières premières, denrées, articles fabriqués de provenance étrangère, pouvant faire concurrence aux produits similaires de notre sol, de notre industrie, furent frappés de nouveaux droits, encore plus excessifs que par le passé, et équivalant pour la plupart à une prohibition complète.

Sous ce régime, la propriété foncière acquit promptement une valeur inusitée. Le commerce et l'industrie réalisèrent de rapides fortunes ; mais cette prospérité ne fut que partielle et restreinte à quelques intérêts; elle se traduisit, pour la masse des consommateurs et pour l'ensemble du travail national qui en firent les frais, par un impôt indirect, une dîme annuelle de un milliard à quinze cents millions que le pays a payée pendant 45 ans à un monopole habilement dissimulé.

C'est ainsi que la Restauration sacrifia le travail à des convenances politiques et continua de subordonner le crédit au privilége de la Banque de France.

Lorsque la révolution de Juillet vint surprendre la France, les intérêts que ce régime avait créés se trouvèrent à la tête du pouvoir. Personnifiée alors dans les fameux 221, la bourgeoisie parlementaire ne trouva rien de mieux à faire que de maintenir le système de protection qui répondait si bien à ses intérêts les plus directs. Il fut maintenu dans toute sa rigueur. La royauté citoyenne eut bien quelques velléités d'enquête commerciale et de retouche au tarif des douanes ; mais, lorsque le gouvernement en fit seulement la tentative, les votes d'une majorité écrasante lui apprirent qu'il ne fallait pas toucher à cette arche sainte ; que les ministres n'étaient au pouvoir que pour faire les affaires d'une oligarchie jalouse de son autorité, et que tant d'indépendance ne leur serait jamais permise.

Du reste, cette politique d'égoïsme et d'immobilité avait eu l'heur de rencontrer des hommes d'État dignes de la comprendre et de la faire prévaloir. Pendant ces dix-huit années de gouvernement parlementaire, les deux ministres qui présidèrent aux destinées de la France n'eurent pas seulement l'air de se douter de ses aspirations nouvelles, ni du mouvement d'idées qui se faisait autour d'eux. Ils ne virent rien des réformes économiques qui, sous leurs yeux, à nos portes, s'accomplissaient en Angleterre, en Belgique, en Suisse et dans l'Allemagne tout entière. Absorbés, l'un dans les contemplations rétrospectives de la *révolution d'Angleterre ;* l'autre, dans la poursuite d'une popularité promise à son *Histoire du Consulat et de l'Empire,* leur attitude à tous deux fut celle du dieu Janus, regardant à la fois le passé et l'avenir, sans s'occuper d'un présent qu'ils abandonnaient aux soins de la Providence.

L'histoire dira un jour comment deux ministres de la France, historiens l'un et l'autre, amenèrent, sans l'avoir prévue, une des plus terribles catastrophes qui aient jamais attristé les annales de notre histoire !

Ce fut pourtant une question de réforme qui décida la chute du parlementarisme. Comme la Restauration, il ne voulut rien céder de son pouvoir ; et, par la même obstination, le pays légal de 1848 se suscita, dans le suffrage universel, un terrible successeur sur lequel il n'avait pas compté.

La révolution de Février a eu son caractère spécial. Faite au nom des classes ouvrières et pour revendiquer les droits du travail, elle fut encore plus sociale que politique; et ce chant démocratique : *Mourir en combattant* ou *vivre en travaillant*, n'en donnait-il pas la signification précise? Qui n'eût espéré alors que toutes ces questions à l'ordre du jour allaient être résolues à la satisfaction de la démocratie et dans l'intérêt de ses justes exigences? Vain espoir! Le gouvernement républicain était mal préparé pour une telle œuvre. Il ne sut pas profiter de sa dictature pour poser résolûment les premiers termes d'une réforme économique radicale.

Quand le renouvellement du privilége de la Banque lui offrit l'occasion d'affirmer ses principes, il oublia la liberté pour la centralisation. Il décréta la réunion des Banques départementales dans le giron unique de la Banque de France; et ce monopole du crédit dont tous les gouvernements avaient limité l'étendue ou la durée, la République de 1848 en augmenta les attributions, et ne sut pas en fixer le terme.

Ce fut sa faute, on la lui fit payer cher. Aussi son triomphe ne fut-il de longue durée. Le parlementarisme se remit bientôt du coup qui l'avait frappé; et quand la réaction eut accompli son œuvre, il releva plus haut que jamais cet étendard de la protection et du monopole sur lequel deux révolutions avaient passé sans l'abattre.

## III.

Mais pour avoir été ajournée, cette double question du travail et du crédit n'en restait pas moins à résoudre.

Le second Empire entreprit de revenir aux vrais principes de 89; et l'un de ses titres les plus glorieux sera d'avoir consacré la liberté du travail par la réforme commerciale de 1860, qui en a été le signal.

La liberté du crédit l'a trouvé moins résolu dans ses décisions; et si, sans enfreindre le monopole de la Banque, le gouvernement actuel a pu autoriser la création de grands établissements de crédit, cet expédient n'a eu pour effet que de hâter l'avénement d'anciennes doctrines, dont le temps semblait avoir fait justice, et d'amener un état de choses qu'il importe de signaler.

Dès 1830, les Saint-Simoniens avaient proclamé les vertus de la science économique pour le développement du progrès dans les sociétés modernes. Un plan complet de réforme avait été formulé dans leurs livres. Tout y trouvait place : l'organisation du travail, une meilleure distribution du crédit, la fécondation de la richesse générale, et surtout un principe de hiérarchie nouvelle qui devait régénérer la société, en la réglant plus équitablement. Cet évangile, aussi attrayant que chrétien, avait pour formule : *Le travail pour tous, et à chacun selon ses œuvres.*

Seulement, sous ces mots si simples se cachait toute une théorie dont le secret ne tarda pas à se révéler.

Ainsi, en économie politique, les Saint-Simoniens estimaient que la liberté de l'action individuelle produit fatalement la concurrence ; que celle-ci à son tour tend à diminuer les bénéfices du travail ; et que le seul moyen de prévenir cet antagonisme, c'est de pouvoir commander la production et la régler sur les besoins de la consommation elle-même. Or, pour établir un équilibre aussi désirable, les nouveaux réformateurs proposaient de soumettre la production et la consommation à une direction unique, omnipotente, comme celle du capital, par exemple, qui, embrassant à la fois le travail de l'homme et ses besoins, distribuait à chacun son œuvre, en réglait le salaire, et, par contre, répartissait tous les produits selon les nécessités de la consommation.

Par ce moyen, plus de concurrence possible ; mais aussi tout devient monopole et privilége, le travail est absorbé par le capital et lui obéit servilement. L'action collective remplace l'initiative individuelle : c'est, en un mot, le despotisme industriel substitué à la liberté.

Le Saint-Simonisme a trouvé dans les chemins de fer une occasion précieuse de faire une première application de sa théorie. Son incarnation la plus complète a été le *Crédit mobilier*, fondé par l'un de ses plus illustres adeptes, et dont l'existence, bien que récente, a déjà transformé tout notre régime économique.

C'est le *Crédit mobilier* qui a imprimé au crédit et au travail ces tendances nouvelles que n'ont suivies que trop fidèlement toutes les grandes sociétés industrielles et financières créées à son exemple ou avec son concours. Ces compagnies en sont venues à ne plus former entre elles qu'un groupe d'administrateurs toujours les mêmes, une phalange compacte dont les rangs se resserrent chaque jour, où nul ne pénètre ; préludant ainsi aux prétentions exclusives et à toutes les ambitions d'une oligarchie privilégiée.

Aujourd'hui l'œuvre est accomplie. Les grands jours du Saint-Simonisme sont venus. La féodalité de l'argent règne et gouverne ; sa domination s'étend à tout et partout.

Quelques Messieurs tiennent entre leurs mains la fortune de la France. Par eux, le privilége se relève et le monopole se fortifie. Les chemins de fer, les sociétés financières, les compagnies de toute sorte, les entreprises de toute espèce sont sous leur dépendance. Ils disposent du capital et commandent le crédit. L'industrie et le commerce sont à leur merci. Aucune action individuelle, aucun effort isolé ne peut se produire sans leur permission. L'intelligence elle-même doit passer sous leurs fourches caudines, quand elle n'y laisse pas ses dépouilles.

Enfin, le travail du pays ne relève que de leur bon plaisir. Ils peuvent au gré de leur caprice régler la production ou la restreindre ; le jour où ils le voudront, ils seront les maîtres d'embrigader la France, de la ramener à la glèbe, et le *nouveau pasteur* de nos âmes écrira sur sa houlette :

> C'est moi qui suis Guillot, berger de ce troupeau !

Eh bien, cet excès de pouvoir qui fait la confiance de ces modernes potentats, fait aussi leur faiblesse et peut devenir demain leur péril.

Supposons qu'une catastrophe quelconque ramène au pouvoir les vaincus de Juin, que les chefs les plus audacieux du socialisme siégent seulement pendant vingt-quatre heures à l'Hôtel de ville! Il leur suffira d'un simple décret pour dépêcher à la Banque de France, au Crédit foncier et à trois ou quatre établissements de ce genre, quelque commissaire de la république qui posera deux ou trois factionnaires à la porte de leurs hôtels et déclarera en prendre possession au nom de l'État. Puis des ingénieurs du gouvernement, des inspecteurs des finances en feront autant aux gares des chemins de fer, dans les bureaux de toute compagnie anonyme autorisée par l'État; et ce changement se sera fait sans bruit, sans violence, peut-être même aux acclamations du pays et à la satisfaction des actionnaires.

Du même coup, tous ces milliards de valeurs qui font la fortune mobilière de la France, auront passé dans les mains de l'État, sans qu'on puisse même accuser la république d'avoir porté atteinte à la propriété particulière ou de s'être rendue coupable d'un arbitraire odieux; attendu, pourront dire les décrets, que les capitaux et les immeubles séquestrés étant l'argent et la propriété d'actionnaires, c'est-à-dire du public, le gouvernement avait pu considérer de son devoir de sauvegarder, sous sa responsabilité, des intérêts aussi respectables, et de faire rentrer dans ses attributions, comme services publics, des entreprises qui, par leur importance, étaient devenues autant de puissances dans l'État, et qui, dès lors, constituaient un danger pour le pays.

Puis, quand l'État se sera rendu maître des moyens de transport, des entrepôts, des assurances et du crédit, qui l'empêchera, sous le prétexte que les grandes exploitations produisent plus et à meilleur marché, d'appliquer à l'agriculture et à l'industrie le régime qu'il a organisé pour l'exploitation du monopole des tabacs? Qui l'empêchera d'être à la fois cultivateur, manufacturier et commerçant? de tenir la production du pays entre ses mains et de régler à sa guise les besoins de la consommation?

Et, cette fois, il pourra se faire que le socialisme et le communisme à sa suite se soient implantés sur la terre de France pour n'en plus être jamais extirpés!

C'est ainsi que, presque toujours à l'insu des masses et

souvent même des esprits éclairés, il se trouve, au fond des révolutions modernes, quelque question économique qui les prépare d'abord, et qui plus tard les traduit et les explique.

## TROISIÈME PARTIE.

### I.

Posée dans ces termes, qui nous semblent les seuls vrais, la liberté des Banques n'est plus un problème. La question se résout d'elle-même par la logique des principes.

La liberté des Banques, nous l'avouerons, n'a rien pour notre part qui nous étonne ou nous effraye. Contrairement au monopole qui nous étonne toujours sans nous rassurer jamais, nous voyons dans le crédit libre *peu d'inconvénients* et *beaucoup d'avantages*. Les difficultés de son organisation ne nous apparaissent nulle part, et nous croyons encore moins à son impossibilité.

Il n'entre pas dans notre plan d'apporter ici un programme tout fait pour l'établissement des Banques libres. Il nous suffira d'indiquer d'après quels errements on pourrait procéder à cette réforme, sans crainte d'aucun mécompte et en suivant seulement les enseignements de l'expérience.

Puisque l'on a jugé à propos de citer les exemples de l'Angleterre, de l'Écosse, de la Belgique et des États-Unis, et de publier des comptes rendus et des statistiques sur les Banques de ces pays, il nous sera bien permis de choisir pour terme de notre démonstration les Banques d'Amérique, par cela même qu'on en a peu parlé et que les préventions qu'elles inspirent sont plus généralement répandues; ce qui ne veut pas dire justifiées.

Quand on considère les territoires immenses que les Américains du Nord ont fertilisés, les riches produits dont ils ont rendu deux continents leurs tributaires, les chemins de fer dont ils ont couvert leur sol bien avant aucune nation de l'Europe, cette puissante marine qui porte leur commerce sur tous les points du globe et leur donne le plus magnifique trafic du monde ; quand on calcule les richesses que les États-Unis ont accumulées et les ressources financières dont ils disposent, et que l'on songe que c'est avec leur système de Banques libres, par l'extrême expansion du crédit et avec *du papier*, puisqu'il faut l'appeler par son nom, qu'ils ont atteint ce degré de rapide grandeur dont aucun peuple n'avait encore donné l'exemple dans l'histoire ; il faut avouer que l'on est mal venu à leur jeter la pierre, à leur reprocher leurs imprudences et à les blâmer d'un régime qui a produit de pareils résultats. Le bon sens conseillerait plutôt de suivre leur exemple et consisterait surtout à suivre la voie qu'ils nous ont tracée.

Que si nous quittons ces considérations générales pour rentrer dans la question spéciale qui nous occupe, voici, d'une manière sommaire et dans son ensemble, la situation que font au crédit les Banques libres de l'Amérique du Nord.

Pour une population de 28 millions d'habitants dont l'Union se composait naguère encore avant la sécession, on comptait à peu près 1,400 Banques, représentant un capital de 1,400 millions ; soit 1 million par Banque, et une Banque par 20,000 habitants. A ce compte, chaque Américain avait en moyenne un crédit de 50 francs par individu.

Dans l'État de New-York, le plus important par sa richesse, son commerce et sa population, le capital des Banques d'émission était évalué, à cette époque, à 500 millions de francs pour une population de 2 millions d'habitants ; ce qui ramenait la part de crédit revenant à chacun à une somme de 250 francs.

Il y a bientôt trente ans (depuis 1837) que ce régime a été établi ; et tous ceux qui ont résidé et fait le commerce aux États-Unis, vous disent que le crédit des Banques de New-York y inspire autant de confiance que celui de la Banque de France à Paris.

En France, le crédit est distribué par un seul établissement, la Banque, à qui seule appartient le droit d'émettre des billets. Elle seule a ce monopole, et peut en user comme elle l'entend, sans qu'elle ait à craindre la possibilité même d'une concurrence.

Le capital de la Banque de France est de 200 millions pour une population de 40 millions d'habitants. La part du crédit à laquelle chaque Français a droit est de 5 fr. par tête.

Que 250 fr. dans l'État de New-York soient beaucoup, c'est possible; mais on admettra aussi que 5 fr. en France, c'est bien peu !

Cette disproportion trop évidente peut et doit donner la mesure de ce qu'il y aurait à faire pour la faire cesser.

Supposons que, dans une organisation analogue de la liberté du crédit, l'on prît, comme aux États-Unis, pour base et point de départ, le chiffre de la population de la France avec attribution d'une Banque pour 20,000 habitants, et d'une quotité de crédit de 50 fr. par individu; on arriverait naturellement à la création de 2,000 Banques, représentant un capital de 2 milliards, soit 1 million par Banque.

Quelle exagération et quels dangers y aurait-il, nous le demandons très-humblement, à créer spécialement pour les besoins de l'industrie, du commerce et de l'agriculture, ces sources immédiates de la production et du travail, un capital nouveau de 2 milliards en billets de Banque; quand, depuis quinze ans, les chemins de fer seuls ont pu émettre, dans l'intérêt de leur industrie, près de 6 milliards de titres au porteur, tant en actions qu'en obligations de toute sorte; quand d'autres compagnies, pour l'établissement d'autres chemins de fer et d'institutions de crédit à l'étranger, ont été admises à faire sortir de France plus de 1,500 millions de notre numéraire; quand, enfin, des sociétés anonymes de toute nature en sont arrivées à élever jusqu'à 20 milliards le capital des valeurs industrielles dont elles encombrent le marché de la Bourse?

## II.

Le budget, en France, est de 2 milliards maintenant. Ainsi, sur une population de 40 millions d'habitants, chaque contribuable paye tous les ans à l'État 50 fr. pour impôts divers; et ce même pays, qui prélève cette charge sur son travail et sur ses épargnes, n'aurait pas, lui, pour développer son travail et ses moyens de production, le droit de se faire un crédit au moins égal à l'impôt qu'il paye? Est-il une objection possible à un pareil argument?

Maintenant, d'un pays qui, comme la France, paye 2 milliards de contributions par an, dont le revenu doit être au moins de 40 milliards, et qui possède environ 6 milliards de numéraire, peut-on dire qu'une émission de 2 milliards en billets de Banque serait un danger pour sa circulation et qu'il n'aurait pas une réserve métallique plus suffisante qu'aucun autre État de l'Europe, pour garantir en tout temps leur remboursement en espèces? Il faut avouer que ce sont des craintes chimériques et inventées à plaisir pour effrayer les esprits timorés.

D'ailleurs, les conditions de sécurité et de garantie que la loi, comme aux États-Unis, imposera nécessairement à ces établissements, devront exclure toute possibilité de danger sérieux.

Qu'est-ce qui fait aujourd'hui la sécurité et la garantie principale des billets de la Banque de France? C'est avant tout son capital social de 200 millions, qui est immobilisé en rentes sur l'État, et qui offre, dans toutes les éventualités possibles, une certitude de remboursement partiel, une reprise de la part des porteurs de ses billets. Or, si la circulation de ses billets a pu, dans ces dernières années, s'élever jusqu'à 800 millions, par le fait le capital de la Banque n'offre qu'une garantie de 25 p. 100 du total de son émission. Ce qui n'est rien moins qu'excessif.

Admettons maintenant que, comme aux États-Unis, par exemple, la loi n'accordât aux Banques libres le droit de n'émettre des billets que pour une somme double ou triple de leur capital réalisé et déposé. Il en résultera que chacune de ces Banques offrira pour la circulation de ses billets une garantie de 50 p. 100, et au minimum de 33 p. 100, tandis que la Banque de France elle-même n'en présente qu'une de 25 p. 100 pour ses émissions actuelles.

C'est là, il nous semble, une liberté qu'on ne saurait taxer d'exagération, et qui ne nuirait pas à la confiance que les billets de ces Banques ne tarderaient pas à inspirer, à l'égal au moins de ceux de la Banque de France elle-même.

Nous n'avons pas à examiner ici en quoi cette organisation nouvelle des Banques peut être contraire au privilége actuel de la Banque de France. Il nous a suffi de démontrer que le travail libre a droit au crédit libre ; et nous estimons que, dans une société bien réglée, il n'y a jamais de prescription absolue contre le droit.

Quant à la question de savoir comment l'on établira, pour ces billets de Banque, une unité de valeur et de forme qui en rende la circulation plus généralement facile, dans quelles proportions on répartira ces Banques par rapport à la population ; il nous suffira de dire que, l'unité de garantie pour ces billets une fois déterminée, leur unité monétaire n'est plus qu'une question secondaire, et que la loi, d'ailleurs, aura à régler ces détails par un ensemble de prescriptions spéciales.

## III.

Nous ajouterons encore quelques mots.

Le crédit n'a pas pour unique effet de donner de l'emploi aux capitaux improductifs, il a encore la vertu d'accélérer la création du capital lui-même. Ce n'est pas uniquement son grand mouvement industriel et commercial qui a fait le capital énorme que possède l'Angleterre ; c'est l'action incessante et reproductrice du crédit, tel qu'elle l'a organisé chez elle. C'est aussi le résultat que produiront chez nous les Banques libres.

La liberté des Banques amènera forcément chez nous ce fait qui se passe aux États-Unis : c'est que de même que le commerce américain trouve rationnel de faire lui-même ses escomptes et ses assurances ; de même chaque industrie, chaque branche de commerce aura la faculté d'avoir sa Banque pour ses propres besoins, d'y négocier ses valeurs et d'avoir, comme actionnaire, le bénéfice de ses négociations.

De leur côté, les petits capitaux pourront s'associer par les Banques aux profits du commerce, de l'industrie et de l'agriculture. Ils y trouveront un accroissement plus rapide de leurs épargnes; et il arrivera un jour, comme aux États-Unis, qu'il n'y aura pas un négociant, un fermier, un artisan, un petit rentier qui ne possède quelques actions d'une Banque quelconque; comme l'on a aujourd'hui des actions et des obligations de chemins de fer ou toute autre valeur industrielle.

C'est à ces conditions que le crédit rendra véritablement les services que le pays attend de lui, et nous ne craignons pas d'affirmer que les Banques libres feront encore plus pour la prospérité générale que n'a fait l'établissement des chemins de fer; et que, par elles et dans un plus court espace de temps, la fortune de la France aura doublé de ce qu'elle est aujourd'hui.

## IV.

Ces détails, indiqués rapidement, nous ramènent à la vérité que nous voulons démontrer.

Il ne faut pas l'oublier. Nous vivons aujourd'hui, bon gré, mal gré, dans une société foncièrement démocratique, dont le travail est la loi et le droit commun et dans laquelle le capital et le crédit sont les dispensateurs de ce travail. Que si le capital et le crédit se trouvent dans les mêmes mains, le travail est à la merci de ces deux forces ; la société est compromise dans son principe, menacée dans son existence même.

Un état démocratique ne possède aucune de ces institutions permanentes et conservatrices qu'à tort ou à raison présentent les autres formes de gouvernement, et qui leur permettent de sauvegarder la société par ce même pouvoir qu'ils tiennent d'elle. Dans un pays de démocratie il n'y a plus qu'une force admise, une prépondérance possible, c'est l'argent. Du jour où la société n'a plus de contre-poids, de barrière à opposer à cette suprématie, on peut prévoir le jour où elle aura tout absorbé.

C'est ce que l'école saint-simonienne a été la première à comprendre. C'est sur les conséquences logiques d'un pareil régime qu'elle a construit tout son système économique et qu'elle a voulu s'en assurer les bénéfices. Le succès a répondu à ses espérances, et la France aujourd'hui marche en plein dans la voie que ses adeptes lui ont tracée.

Si l'on pouvait encore mettre en doute l'influence que l'application de cette doctrine a déjà sur notre organisation économique et sociale, il suffirait de parcourir avec attention le rapport que la société de *Crédit mobilier* vient de présenter naguère encore à ses actionnaires. L'étendue et l'importance de ses opérations, le nombre chaque jour croissant des compagnies que fondent ses directeurs, la diversité et la grandeur des entreprises auxquelles ils s'associent, les ramifications qu'ils étendent de toutes parts, la puissance des capitaux et du crédit dont ils disposent, font de cet établissement colossal la machine de guerre la plus formidable que jamais un État ait vu se dresser dans son sein. Qu'on calcule la force de progression ascendante que cette société acquiert chaque année dans sa marche, et qu'on se demande quelle sera, dans dix ans, l'œuvre d'absorption qu'elle aura accomplie !

L'existence de pareilles sociétés est une menace pour un pays. Il n'y a que la France pour rester insouciante en présence d'un tel danger. Les Anglais et les Américains l'auraient prévu et conjuré depuis longtemps.

Si la démocratie, aujourd'hui, est désarmée contre de pareils attentats, sa tâche est de s'en défendre par la liberté.

A cette concentration des capitaux et du crédit imaginée par le Saint-Simonisme pour dominer le travail et l'exploiter à son profit, il faut opposer la pluralité des Banques, la liberté du crédit et sa diffusion la plus large. Il faut qu'un vaste système d'association plus équitable rende au commerce et à l'industrie leur action propre et toute la puissance de leur initiative. En un mot, c'est le travail et le crédit démocratisés qui seuls feront justice de cette pratique saint-simonienne, et des autres utopies socialistes dont l'avénement serait la honte et la ruine de la France.

Heureusement qu'il existe encore dans la finance, dans l'industrie et le commerce des intelligences honnêtes et supérieures qu'un tel état de choses alarme et révolte. Ces hommes, les premiers par la fortune et la juste considération qui les entoure, sont pour la plupart les fils de leurs œuvres. Ils tiennent encore en estime le travail qui les a faits ce qu'ils sont. La spéculation pour eux n'a que des conséquences fatales et prévues. Ils la regardent passer et se contentent de n'y pas prendre part. Mais cette réserve n'est pas même de la prudence. Dans une société tous les intérêts sont solidaires, et un jour viendra où le mal montera jusqu'à eux. Qu'ils l'arrêtent, pendant qu'il en est temps encore.

Un beau rôle leur est réservé, s'ils savent le comprendre.

Eux aussi possèdent le capital et commandent le crédit. Leur haute position et leur mérite reconnu leur ont conquis une influence légitime. Qu'ils s'en servent, comme l'aristocratie anglaise, pour se mettre à la tête du progrès, pour s'associer à la démocratie, à ses intérêts, à ses besoins, et la diriger dans ses destinées nouvelles. Qu'ils se rallient au principe des Banques libres; qu'ils aident à leur création ainsi qu'à la commandite du travail; que, dans cette association nouvelle, ils laissent à chacun le droit de conquérir, par ses efforts et son intelligence, la juste part de bien-être et d'indépendance qui lui est due; et la nation entière leur tiendra compte de cette alliance généreuse, la démocratie acceptera avec confiance leur direction éclairée, et sa reconnaissance inscrira un jour leurs noms à côté de ceux qu'elle n'oublie jamais.

Sans la liberté des Banques, le traité de commerce avec l'Angleterre n'est qu'un vain titre, bon à déchirer. Il nous faut revenir au système protecteur, renoncer à jamais organiser la démocratie en France et nous soumettre désormais au joug abrutissant du Saint-Simonisme!

LE CRÉDIT LIBRE POUR LE TRAVAIL LIBRE, voilà la devise. *In hoc signo vinces.*



---

PARIS. — J. CLAYE, IMPRIMEUR, 7, RUE SAINT-BENOIT 7.

www.ingramcontent.com/pod-product-compliance
Ingram Content Group UK Ltd.
Pitfield, Milton Keynes, MK11 3LW, UK
UKHW021208230726
13926UKWH00001B/381

9 782019 238216